책, 스물 다섯

책, 스물 다섯

저자의 말

안녕하세요.
먼저 저의 책에 관심 가져주심에 감사드립니다.

어릴 적 오랜 꿈이었던 책 출판하기!
서른 즈음에 이룰 수 있을 줄 알았는데,
생각보다 일찍 그 꿈을 이룰 수 있게 되었네요.

저의 책은 그리 특별하지도, 대단하지도 않습니다.
그저 '송수진'이라는 사람의
스물 다섯을 남기고 싶었습니다.

남의 일기장 훔쳐보는 마음으로
때로는 공감하고 가끔은 피식 웃으며,
읽어주셨으면 좋겠습니다 :)

그리고 이 책에서는 저에게 주어진 역할보다는
지금을 살아가는 스물 다섯의 청년으로
글을 썼다는 점 알고 읽으시면 좋을 것 같습니다.

그럼 저의 스물 다섯.
봄 여름 가을 겨울에 당신을 초청합니다 :)

2024년 가을.
송수진

목차

10_작가 인터뷰
12_나의 이유
13_그 시간
14_그 어떤 단어로 형용할 수 없는.
18_나는 누구인가
20_젊은 날의 유서
23_위로, 아래로
24_오늘의 일기
26_나의 사춘기에게
27_불안아
28_어느 여름날
30_으른의 세계
31_혼자라는 건.
32_삐용삐용
33_엘레베이터
34_그 어디나 하늘나라
36_한 여름 밤의 꿈
38_다시 그 카페
42_시선
43_우리 가족
44_청춘
45_우리의 시간이
46_숨겨왔던.
47_존버는 힘
48_평범한 소녀
50_나의 책상
54_지하철에서
55_네, 피곤합니다
56_싫지만은 않은

58 _ 조연의 삶
60 _ 열등감
61 _ 나의 청춘에게
62 _ 난 그저
64 _ 그냥 단지
65 _ 괜찮아
66 _ 칭찬 일기
68 _ 행복 별 거 없다
70 _ 마이 파덜
71 _ 마이 마덜
72 _ 말과 글
73 _ 생각여행
74 _ 글을 쓰는 이유
76 _ 청승맞게
78 _ 순대국밥
80 _ 집밥, 엄마의 손맛
82 _ 가을이 오나봐
86 _ 좋은 아침
87 _ 안녕
88 _ 오늘은,
89 _ 엄마의 낡은 일기장
90 _ 다정함이 세상을 이긴다
91 _ 왕왕 고마와요
92 _ 삶은.. 계란
93 _ 너무 바쁜 사람들
94 _ 버스
96 _ 아침 운동
98 _ 행복 여행
102 _ 만약에
104 _ 빛으로 흐르며
105 _ 꽃

모두의 **스물 다섯**을 응원합니다!

작가 인터뷰

안녕?
- 반가워

이름이 뭐야?
- 나는 수진이야. 송수진!

이름의 뜻은 어떻게 돼?
- 지킬 수, 참 진
  참된 진리를 지키는 사람이 되라는 뜻이야.

너는 어떤 사람이야?
- 나는 밝은 에너지를 가지고 있어.
  주변 사람들을 기쁘게 만들고,
  언제든 사람을 만날 준비가 되어 있어!

너의 장점은 뭐야?
- 나는 사람을 편하게 하는 능력이 있어.
  그래서 나를 만나는 사람들이 하는 말을 들어보면,
  나를 만났을 때 자신의 고민을 자연스레 털어놓게
  된다고 하더라고!

그럼 단점은?
- 나는 겁이 많은 사람이야.
 그래서 새로운 도전을 어려워 하고, 편안함을 좋아해.
 그렇기 때문에 매사에 진지하게 생각하는 것 같아.

너는 어떤 걸 좋아해?
- 나는 사람을 좋아해.
 사람 만나서 얘기하는 게 내 취미야!

그럼 어떤 사람이 되고 싶어?
- 나는 모든 사람을 사랑하고 싶어.
 그리고 모든 사람한테 사랑받고 싶어.
 그게 욕심이란 걸 알지만.. 포기하기가 쉽지 않아
 결국 예수님의 모습을 닮아가는 것이 나의 꿈이야

마지막으로 하고 싶은 말은?
- 나에 대해 더 알고 싶다면 책을 다 읽어줘!

나의 이유

나는 에어팟을 좋아하지 않는다.
그래서 혼자 지하철에 탈 때도,
혼자 스마트폰을 만질 때도 잘 끼지 않는다.

왜 그럴까 생각해보면,
답답해서의 이유가 큰 것 같다.

에어팟을 껴서 밖의 소리를 못 듣게 되는 것도,
스마트폰의 소리에만 집중해야 하는 것도
나에게 답답함을 안겨준다.

그래서 지하철에서 제일 좋아하는 순간은
적절한 소음이 들리는 가운데
내가 좋아하는 책을 읽는 것이다.

잠잠히 들리는 사람들의 말 소리, 웃음 소리가
나에게 음악이 되어 귀에 들린다.

나는 그런 소리들을 좋아한다.
그것이 나의 이유다.

그 시간

내가 제일 좋아하는 시간.
일주일 동안 밀린 빨래를 세탁기에 돌리고

보송보송하게 건조기까지 돌리면
따끈따끈한 새 옷이 된다.

그때 나는 그 따뜻함을 누리며 빨래를 갠다.
그러고 잔뜩 쌓인 먼지를 청소한다.

그 시간,
그 시간이 난 참 좋다

그 어떤 단어로 형용할 수 없는,

 느지막히 일어나 부스스한 머리 빗으며 주섬주섬 옷을 입고, 꾸깃꾸깃 운동화를 신고 터벅터벅 걷다가 드디어 마주한 소박한 카페. 나는 지금 그 자리에 있다. 카페에서는 딩가딩가 재즈 노래가 흐르고, 카페 사장님은 나를 위한 음식을 만들고 계신다. 나는 가장 구석 자리에 앉아, 지금의 나를 돌아보며 글을 쓰고 있다. 감자스프와 매콤새우미나리샌드위치.. 그것이 나의 오늘 첫 끼이자 마지막 끼니다.

 카페에서는 사람들이 둘, 셋 모여 소곤소곤 웃고 떠드는 소리, 헤드폰을 끼고 노트북 화면에 집중한 채 들리는 키보드 소리, 어린 아이의 엄마를 찾는 울음 소리.. 그런 소리들이 들린다. 나는 그런 살아가는 소리가 참 좋다. 내가 들으려 애쓰지 않아도, 아니라고 부정하려고 해도 들리는 자연스러운 그 소리에 오늘도 감사함을 느낀다.

 요즘 내가 느끼는 감정 중 가장 큰 것은 감사다. 행복하고 재밌고 흥미로운 감정 모두 소중하지만, 나에게 감사가 있기 때문에 그 감정들 모두 가능하게 되는 것이다. 그래서 오늘의 글은 나의 감사를 적어보고 표현해보려 한다.

먼저 나의 사람들에 대한 감사다. 나에게는 주변에 참 고마운 사람들이 많다. 내가 좋은 사람이 되려 노력하지 않아도 먼저 찾아와주고 안부를 묻고 괜찮냐고 한 마디해주는 그런 사람들. 모든 일에 긍정적일 수는 없기에, 나의 부족함과 연약함이 드러나는 순간마다 아낌없이 조언과 사랑을 주는 모든 존재들에게 감사하다. 그런 사람들이 옆에 있어 내가 진짜 좋은 사람이라도 된냥 살아가게 된다.

 그리고 나의 일상에 대한 감사다. 학업과 학교 생활 그리고 사역.. 이 모두를 해낼 수 있는 환경과 체력에 감사하다. 개강하고 나서는 학교 기숙사 생활을 하고 있는데, 기숙사에서는 필수로 드려야 하는 7시 아침예배가 있다. 그래서 요즘에는 아침 일찍 일어나 하루의 처음을 하나님과 함께하고 있다. 오늘과 다른 일상들을 위한 기도로 상쾌한 하루를 시작하면, 말씀 묵상으로 나의 신앙을 점검하는 시간을 갖는다. 그리고 수업을 듣는다. 그렇게 나의 일상이 반복된다. 주말에는 더 바쁘게 움직여야 하는데, 나의 힘듦이 전혀 느껴지지 않도록 나의 환경들이 나를 마구 행복하게 만든다. 그래서 그 모든 것들에 감사를 느낀다.

마지막으로 나의 존재에 대한 감사다. 물론 나의 존재에 대해 불만이 많았던 시기도 있었다. 하지만 내게 주어진 하루들을 열심히 살려고 노력하니, 나의 하루들이 아름다워 보이기 시작했다. 나를 사랑해 줄 수 있었다. 나에게 빛이 보였다. 그렇게 감사를 찾았다. 그래서 오늘과 같은 감사가 이어질 수 있었다.

 감사가 시작되니 사람이 보이고 세상이 보이고 일상이 보였다. 그것은 하나님의 인도하심 아래, 하나님의 동행하심으로 인해 나는 오늘을 살 수 있던 것이다. 내가 감사하는 것들을 가능케해주신 분에게 깊은 감사를 드린다. 사실 구체적으로 말하면 감사보다 그것을 뛰어넘은 감동이다. 아마 이 세상 그 어떤 말로도 표현될 수 없을 것 같다. 그렇게 난 오늘도 감사를 넘어선 감동을 느낀다. 혹시 이 글을 읽는 누군가 삶의 의미가 흐려진다면 이런 말을 전하고 싶다.

 "아직 세상은 넓고 인생은 길고 나의 존재는 빛나고 있어요. 그러니 같이 힘내봐요. 감사를 찾아봐요."

나는 누구인가

나는 눈물이 없는 사람이다.
하지만 감정이 메마르지는 않았다.

나는 이성적인 사람이다.
하지만 언제든 감정에 휘둘릴 수 있다.

나는 하고 싶은 것이 많은 사람이다.
하지만 그것들을 다 해낼 체력도 능력도 없다.

나는 우울한 사람이다.
하지만 항상 밝은 모습이길 바란다.

나는 외로운 사람이다.
하지만 혼자서 해보려고 도전하고 있다.

그렇다면 나는 좋은 사람일까?
괜찮은 사람일까?

어떤 누군가가 나에 대해 말한다.
착하다고.
착한 사람은 좋은 사람일까?

또 어떤 누군가는 이렇게 말한다.
밝다고.

밝은 사람은 괜찮은 사람일까?

나는 오늘도 좋은 사람,
괜찮은 사람이 되려 한다.

하지만 더 중요한 것이 있다.

먼 훗 날, 나의 모든 것이 사라지고
내 이름만 남게 될 그때에는
내가 흘린 사랑만이 남았으면 참 좋겠다.

송수진, 그녀가 남긴 사랑은 참 따스했네.

젊은 날의 유서

잘 살았네.
나의 스물다섯으로 생을 마감하게 되었지만,
나는 충분히 누리고 즐기며 잘 살았다네.

괜찮네.
나의 죽음으로 우는 사람들,
눈물 흘리는 사람들 모두 괜찮다네.
나는 참 평안을 안고 있다네.

좋았네.
나는 다시 송수진 인생으로 살고 싶을 만큼
많은 행복과 기쁨, 그리고 감사를 느꼈다네.

고맙네.
송수진 인생의 한 자락이라도 함께했던 인연에게
모두 고맙고 감사하다네.

사랑했다네.
내가 이 편지에 모든 사람을 적을 수는 없지만,
이 글을 읽는 사람이라면
내가 분명 사랑했던 사람일거네.

또 보자네.
천국에서 나는 당신들을 기다리고 있을 거라네.
잘 살게나.

위로, 아래로

내가 유난히 못나 보이는 사람에게는
나도 그저 다른 사람들과 같은
평범한 사람이라는 위로가 필요하다.

내가 주연이 아닌 조연으로 살아가고 있다고
좌절하는 사람에게는
나는 다른 사람들과는 다른 특별한 사람이라는
위로가 필요하다.

우리는 모두 아프다.
각자의 고민을 끌어안고 산다.
다만 그 상처를 숨기고 살 뿐이다.

아픈 사람의 마음은 아픈 사람이
제일 잘 안다.
그래서 우리는 서로 위로를 건네본다.

선의로 전한 위로가 그 마음 그대로 전달되는
세상이 되길. 조금은 더 따스해지길
소망한다.

오늘의 일기

나는 오늘 무엇을 했을까
일기를 쓰며 하루를 돌아본다.

오늘, 아주 오랜만에 지하철을 탔다.
사실 그리 오래되지도 않았는데, 뭐가 그리 낯설던지…
그 지하철 속 세상은 참 바빴다.
아, 맞아.. 내가 살던 곳은 이런 곳이었지…
참 차가웠다.

요 며칠간 몸이 아파 고생하는 동안
세상을 잠시 떠나있었더니 잊고 있었다.
우리 세상이, 우리가 살아가는 이 현실이
참으로 메말라있다는 것을..

어쩌면 잠시 모른 척하고 싶었던 걸 수도 있다.
마주하고 싶지 않은 현실이었을 수도 있다.

하지만 깨달았다.
나도 그 세상 속에 함께 숨 쉬며 살고 있었다는 것을.
나도, 나조차도. 이 차가운 세상에 동조하고 있었음을.

그래도 오늘 글을 쓰며 느낀다.
나는.. 적어도 나는.. 여유를 찾아야지..
사랑을 꿈꿔야지..

이 사람들과 이 세상을 위해 기도해야지..
하나님의 사랑을 이뤄야지..
하나님 나라를 바라봐야지..

나의 사춘기에게

홀로 그 시간을 버텼던 나에게,
그 누구도 너의 편이 아닌 것 같던 너에게,
우리의 사춘기에게.

고마워, 그 시간을 버텨줘서.
미안해, 나는 너의 편이 아니었어.
사랑해, 그때 그 시절 너의 모든 것을.

불안아

내가 품어주지 못해 미안해
내가 이런 사람이라 미안해

근데 사실 나 너무 힘들어
너를 상대하기가 참 버거워

잠시 사라져주면 안 될까
아니, 아예 없어져주면 안 될까

나는 기쁨을 누리고 싶어
나는 행복에 머물고 싶어

괜찮다는 말 한 마디면 되니까
다 용서해줄 수 있으니까

어느 여름날

나는
여름을 바라보고 있다.

내가 살아가고 있는 이 곳,
이 곳의 풍경은

분홍분홍, 노랑노랑 봄이 지나간 후,
초록초록, 파랑파랑 여름이 다가온다.

어린 시절 나는 여름을 몹시 좋아하지 않았다,
다른 계절에 비해 특색이 없다는 이유로.

하지만 지금은
여름의 색깔을 바라보고 있다.

나무들의 우직함, 자기 주장하는 초록잎들,
그리고 바람에 살랑이는 부드러움까지.

나는
찬란히 아름다움을 바라보고 있다.

으른의 세계

내가 어렸을 때.
아직 으른들의 세계를 몰랐을 때.

엄마와 이모는 매번 싸웠다.
서로 본인이 계산하겠다고.

그땐 이해하지 못 했다.
내가 계산 안 하면 좋은 거 아닌가?

서로에게 계산하라고 미루는 게 아니라.
왜 서로 본인이 계산하겠다고 하지?

그리고 지금 스물 다섯의 나는.
친구들과 싸운다.

서로
내가 계산하겠다면서.

나도
이제 으른이 되나보다.

혼자라는 건,

혼자라는 건,

외로운 게 아니라
견뎌낼 힘이 있다는 것.

아무도 없는 게 아니라
시간이 필요한 것.

고독한 것이 아닌
고요하고 잔잔한 것.

삐용삐용

누군가 말 하더라고.
구급차, 소방차가 지나가는 소리가 나면
하나님께 간절히 기도한대.

그 순간만큼은
아픈 이 없이
간절하게 평안하기를.

그 말을 듣고.
묵묵히 내 삶을 살아가다보면.
아무런 걱정 없이 편히 지내다 보면.

저 멀리서. 아니면 가까이서
구급차 또는 소방차가 삐용삐용
요란한 소리를 내며 길을 지나가더라.

그럴 때면 마음이 저려온다.
그리고 간절히 기도한다.
제발 하나님께서 지켜달라고.

멀리서 아주 멀리서 들리더라도.

엘레베이터

한 할머니와 같이 엘레베이터를 타게 되었다.
내가 먼저 타 있었고, 할머니께서 후에 타셨는데,
타실 때부터 나를 빤히 쳐다보시더라.
그리고는 할머니께서 내릴 때가 되니까
두 손을 꼬옥 잡으며 "예뻐" 한 마디 남기셨다.
엘레베이터를 내려서도 계속 나를 지켜보셨다.
그 표정은
흐뭇함과 그리움, 서글픔이 공존하는 듯 하였다.

나는 할머니의 말씀에 그저 감사하다고만 전했는데,
지나고나니 한 마디 더 할 걸 후회되는 말이 있다.

"할머니가 더 아름다우셔요.
 할머니께서 사신 세월이 더 찬란하세요"

그 어디나 하늘나라

우리 할아버지를 보고 어른분들이 말씀하시기를,
"이미 천국에 계시네. 여기가 하나님 나라야"

그래서 궁금했다.
할아버지는 어떤 삶을 사실까?

그래서 우리 할아버지의 일상을
살짝 들여다 보았다.

오전 4시에 일어나서
극동방송 라디오 들으시며
하나님께 예배함으로 하루 시작!

오전 6시 가족을 위한 기도 시간.
한 명, 한 명을 위해! 모두를 위해!!
우리나라와 세계를 위한 기도까지!!!

오전 8시 외출 준비 완료
산책 겸 식사하러 이동~
오늘도 갈 곳 있음에 감사, 또 감사!

오후 12시 집으로 귀가.
이제 본격적으로 말씀 묵상~
낡고 닳은 성경책을 펼쳐 오늘도 하나님과 동행!

오후 5시 퇴근 및 귀가하는 가족덜 인사~
다이어트를 위해 저녁은 금식!!
오늘도 육의 양식보다는 영의 양식을 냠냠..

오후 9시 하루를 마무리하며
영원하신 하나님을 찬양~ ♬
오늘도 감사, 살아계신 하나님께 감사!

사실 할아버지의 일상은 단조로운데,
이러한 루틴의 연속이다.

정말 말 그래도
"예수 동행"의 삶을 사시는 우리 할아버지.

할아버지에게는 천국이 따로 존재하지 않는 것 같다.
그 어디나~ 하늘 나라~~

한 여름 밤의 꿈

무슨 일 있어?
오늘따라 잠을 못 자네
벌써 밖에 세상은 밝아지는데
너는 아직 어둠 속을 헤매고 있네

괜찮아?
라는 말이 근심이 될까
입술을 꾹 누르고 있네

나는 괜찮아
눈꺼풀이 무거워도
여전히 정신은 말똥한 너를 위해
글을 쓰고 있으니.

오늘 같은 날도 있는 거지
모든 날이 완벽할 수는 없으니
그래서 오늘 같은 하루를
네가 특별한 날로 만드는 거지

걱정하지 마
불안해질수록
생각은 작게 꿈은 크게

고마워
내 얘기 물어봐줘서
그리고 잠깐이라도 내 얘기 들어줘서

그럼 너를 위해 기도할게
그리고 멋진 꿈을 꿀게

다시 그 카페

 어제 일을 마치고, 시원한 에어컨 바람과 포근한 이불 속에서 노곤해져 그대로 잠이 들었다. 일찍 잠에 들어서 그런지 다음날 하루를 빨리 시작하게 되었다. 룸메이트의 잠자는 소리에 대충 준비하고 부지런히 밖으로 나왔다. 세상을 밝게 비추는 햇빛과 푸르른 빛을 한껏 뽐내는 나무들, 분주하게 움직이는 사람들이 보였다. 다들 바쁨 속에 묻혀있는데 오늘 난 왠지 여유롭다. 무얼하면 좋을까 고민하다, 브런치를 먹으러 전에 갔던 카페를 갔다. 오늘은 여름가지샌드위치와 감자 스프, 그리고 없으면 안 될 아이스 아메리카노를 주문했다.

 현재시각 오전 9시 30분. 당연히 아무도 없겠지 했는데, 두 명의 사람들이 각자 할 일을 하고 있다. 영어로 전화통화 하는 사람, 노트북을 켜고 할 일 하는 사람.. 다들 아침부터 바쁘네 싶었다. 그리고 나는 학기말 레포트 쓰러왔다가 글을 쓰고 있다. 이제 이번주까지 잘 마치면, 나도 종강이다.

 이번 학기는 대학원에 올라와서 처음 보내는 첫 학기였다. 오랜만에 기숙사 생활에, 급격히 늘어난 과제까지, 그리고 동아리 활동도 열심히 하느라 시간이 어떻게 지나갔는지 모르겠다. 여전히 약속을 못 줄이는 나 자신과 공부하라고 소리치는 나 자신이 싸운다. 그래 오늘만 놀자를 몇 번이나 외치고 살았는지 모르겠다.

나는 카페를 좋아한다. 고요하고 잔잔한 그 분위기가 좋다. 그래서 시간이 날 때마다 짬짬히 많은 카페를 다닌다. 목적이 따로 있는 건 아니다. 그냥 편안함. 그 때문이다. 나는 커피를 좋아한다. 바닐라라떼, 카페모카 다 좋아하지만, 특히 아이스 아메리카노를 좋아한다. 왜냐면, 나는 마시는 속도가 매우 빠른 편이다. 그렇기 때문에 상대방에게 속도를 맞추기가 어렵다. 하지만 맛이 없는 아메리카노를 마시면 그 속도가 얼추 맞춰진다. 그래서 아메리카노를 먹기 시작했다. 그렇게 아메리카노에 스며들었고, 하루 한 잔은 필수가 되었다.

 사실 난 커피를 먹으면 안 된다. 왜냐면 얼마 전에 역류성 식도염으로 고생을 했기 때문이다. 응급실까지 갔던 나는 의사 선생님에게 아이스크림과 커피를 금지 당했다. 하지만 난 청개구리. 절대 커피를 안 먹을 수 없다.

 오늘 하루는 온전히 나를 위한 날로 보내고 있다. 아침에 카페에 가서 브런치를 먹은 후, 네일을 받으러 버스를 타고 이동하던 중에 이번 정류장은 노들섬이라는 말에 훌랑 내려버렸다. 혼자 한강 가는 것이 그리 하고 싶었는데, 우연히 머물게 된 버스에서 내 소원을 이룰 수 있었다. 그래서 노들섬에 잠깐 들러 물도 보고 나무도 보고 사람도 보았다. 그리고 네일 받으러 학교 근처로 갔다. 무려 69,000원이나 하는 네일 아트를 받고, 참 기분이 좋아졌다. 그리고 현재 시각 오후 4시. 난 절대 지치지 않고 망원에 가고 싶었던 카페로 이동했다.

지금은 망원에 있는 카페에 잠시 머물게 되었는데, 마침 작은 전시가 있어서 마음에 따스함이 가득해졌다. 그리고 나를 포근히 감싸주는 감성 있는 카페라서 마음이 차분해짐을 느꼈다. 하지만 사실 내가 이렇게 돌아다니고 카페에 온 이유는 오직 과제 때문이다. 이제는 나의 분주한 마음을 내려놓고 해야 할 일에 집중을 해야 한다.

그래, 수진아!
맡겨진 일에 최선을 다하자꾸나 :)

시선

시선이 느껴진다.
정말 뚫어지게 쳐다본다.
내 얼굴에 뭐가 묻었나
내가 그렇게 희안하게 생겼나

아니야 내가 이뻐서 보는 거야
오늘 화장이 잘 되더라니
에이 참~ 부끄럽게..
만약 나한테 말 걸면 어떡하지?

크흠 일단 목을 미리 가다듬고
이에 뭐가 끼지는 않았나
거울 확인해보고
립도 다시 바르고

어? 일어섰다.
어어? 내 쪽으로 온다.
다가온다. 다가온다. 다가온다.

아,
 옆 사람이었구나

우리 가족

근데 있잖아
신기하지 않아?

가족을 부를 때,
우리 엄마
우리 아빠
우리 언니
우리 오빠

그리고
내동생.

아!
노예동생♡

(동생의 허락을 받은 글입니다^^)

청춘

우리의 젊음이 꽃처럼 피어나
시간이라는 울타리 안에서 춤을 추네

꿈이라는 바람을 타고
세상을 벗 삼아 자유롭게 날아가네

뚜렷한 도착지를 모른 채
흔들리기도 쓰러지기도 방황하기도 하지

민들레 홀씨 같은 우리의 청춘들
그래, 아름답게 지금을 남겨놓자

우리의 시간이

나의 시간이,
너의 시간이
시들지 않았음 해.

나의 오늘이,
너의 하루가
잘 심어지길 바라고

나의 한 주가,
너의 일주일이
싹을 트길 바라며

나의 한 달이,
너의 1개월이
꽃이 피길.

그리고
나의 한 해가,
너의 1년이
열매가 맺혀 지길 바라.

숨겨왔던,

아 신경 쓰여
불편해 짜증나
너 뭔데 나한테 이래?

그것은 내 입 안에
구내염
아프내염

며칠째 낫지 않내염
몹시 아프내염

존버는 힘

이제는 완벽히, 완전히 나아지기를 바라면 안 되는 걸까
괜찮아지려고 한 걸음, 두 걸음 나아가면 다시 돌아와
그 과정이 계속 지속되니까 많이 지쳐가
버티자 어쩌면 버티는 게 이기는 거고 정답일지 몰라

존중하며버티자!

평범한 소녀

나는 수 많은 사람들 중 하나,
그저 평범한 사람이다.

중고등학생 시절.
나의 얼굴이 다른 누구와 닮았다는 얘기를 많이 들었다.
나는 그저 개성 없는 흔한 학생이었다.

나는 싫었다.
걔와 닮고 얘와 비슷한 내가 되기 싫었다.

특히 중학생 때는 귀 밑 3cm라는 머리규정이 있었기에
우리는 더 비슷해보일 수 밖에 없었다.

그래도 난 걔보다 눈이 크고
얘보다는 피부가 어두운데
사람들 눈에는 그게 잘 안 보이나보다.

그렇게 평범하다는 틀 안에서 지내왔다.
그리고 지긋한 교복을 벗고 검정 단발 머리에서 해방되었다.
이제 나는 나를 꾸밀 수 있게 되었다.

그래, 난 브라운으로 염색을 할 거야!
나는 밝은 옷을 좋아해, 거기에 치마까지!!

똑같이 보여졌던 친구들 속에서
나의 색을 찾기 시작했다.

이제 사람들은 나를 헷갈리지 않는다.
나의 이름을 온전히 불러주고 찾아준다.

기분이 좋았다.
내가 유일한 한 사람으로 인정받는 것 같았다.
그렇게 나는 나를 찾아왔다. 그리고 지금의 내가 있다.

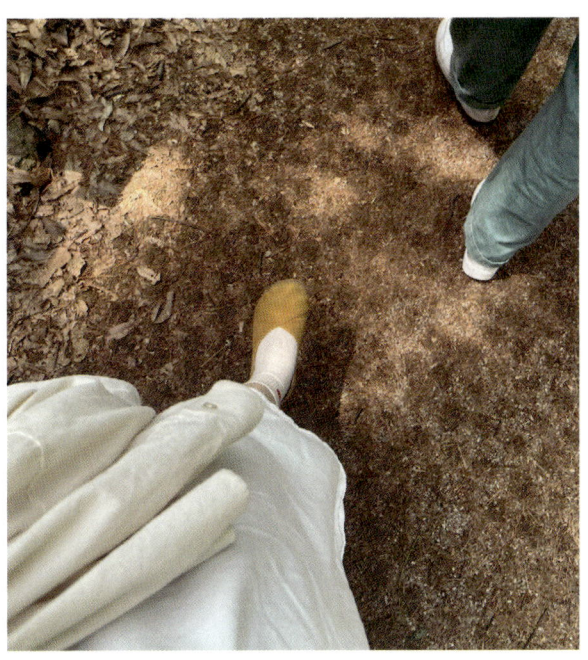

나의 책상

 여권을 내 방에서 잃어버려 다 뒤집어 엎고 정리해야 했다. 내 방에 있는 책상은 가로 길이가 1800mm로 긴 편에 속한다. 하지만 그 책상은 내 짐들을 수용할 수 없었다. 결국 온갖 물건들로 큰 나의 책상을 뒤덮었다. 그래서 어느 순간부턴가 엄마는 내 방을 보고 한숨을 쉬며 잔소리를 했고, 난 여전히 멈춤 상태였다. 사실 내가 방을 치우지 않는 이유는, 특별히 없었다. 나는 청소를 자주하기 보다는 가끔 한 번씩 몰아서 하는 편인데, 어쩌다 대청소를 하고 나면 그 깨끗한 상태가 얼마 가지 못하는 상황이 싫어 더욱 청소를 안 하게 된 것이다. 하지만 이제는 청소를 해야 할 이유가 생겼다. 바로 "여권"을 찾기 위해.

 그래서 엄마와 "여권"을 찾기 위한 내 방 정리가 시작됐다. 누군가 정리의 시작은 버리는 것부터라고 하지 않았는가. 나는 작은 방에 비해 가지고 있는 짐이 많다. 어떻게 보면 버리지 못하는 습관 때문인데, 그 습관은 참 고약하다. 언젠가 한 번은 쓸 거 같다는 쓸데없는 희망이 나와 내 방을 괴롭힌다. 그리고 버릴까 말까 하는 그 순간 나에 대해 엄청난 과대평가가 시작된다.

"오늘부터 어쩌고 저쩌고 하면
이 책을 다 읽을 수 있을 거야!"
"그래. 밤마다 마스크팩을 하자.
오늘도 하고, 내일도 하고, 다음주에도 하면 되지."
"이건 다 추억이야.. 이 소중한 기억들을 어떻게 지워."

 뭐 다 그런 식이다. 하지만 오늘은 달랐다. 그래 버리자 버리자 버리자 라는 마음으로 버렸다. 그리고 약 3년 정도를 모았던 (모았다기 보다는 방치한) 내 약들을 처리했다. 수많은 이유들로 먹지 않았던 약들을 모으니 한 무더기가 되었다. 한 데 모아 그 아픔들을, 그 시절의 나를 보내주기로 했다. 더 이상 스물 둘의 나에게 머물러 있지 않을 거라고 다짐하며, 지금의 나를 위해 정리했다. 그리고 내 책상에게 조금씩 빈 자리가 생기며, 나의 마음 공간에도 여유 자리가 생겼다. 잃어버린 줄 알았던 선풍기 리모컨, 귀걸이, 다이어리도 발견했다. 생각지 못했던 수확이었다.

그리고 내가 수십번 찾아봤던 서랍 속에 초록색 여권이 놓여져 있었다. 엄마한테 그렇게 그 서랍에는 없다며 외쳤던 내가 미웠다. 여권을 발견하고는 깊은 감격에 빠졌다.

"주여ㅠㅠㅠㅠ 감사합니다ㅠㅠㅠㅠ"

바쁜 일정 속에 여권 재발급을 할 수 없었기에 마음이 어려웠었다. 하지만 찾음으로 광명을 찾았다. 예정되어 있지도 않았던 두 시간의 방 청소는 나에게 큰 기쁨을 안겨주었다. 그리고 이 글을 쓰는 소재가 되며, 하나의 에피소드가 되었다.

지하철에서

오랜만에 지하철을 탔다
정겨운 이 모습

실리콘 만능 덮개를 파는 아저씨
큰 목소리로 전화하시는 아주머니
캐리어 한 짐 가득한 외국인
조잘조잘 떠드는 어린 아이들

서로의 목적지를 모른 채
잠시 함께하고 각자의 길을 떠난다

그래,
또 언젠가
다른 모습으로 만나요!

네, 피곤합니다

사람은 나이가 들며 익숙해지고 경험이 많아져
성숙해지기도 하지만,
몸과 마음이 연약해져 쉽게 피곤해지기도 합니다.

제 나이 20대 중반,
이제 제가 그렇습니다.

네, 피곤합니다.

이제야 어른들이 왜 그리 힘들어 했는지
조금은 알 것도 같습니다.

싫지만은 않은

여름의 좋은 점.

선풍기로 머리말릴 수 있다.
자주 샤워해서 상쾌하다.
복숭아가 맛있다.
해가 길어 하루가 긴 느낌이다.
더운 날 실내에 에어컨이 있다면 천국이다.
여행갈 때 짐이 겨울보다 가볍다.
양말을 안 신고 샌들을 신을 수 있다.

안 좋은 점.

땀이 계속 나서 축축하다.
화장이 금방 지워진다.
냄새난다.
불쾌지수가 높아진다.
썬크림을 발라도 몸과 얼굴이 더 많이 탄다.

겨울의 좋은 점.

덥지 않다.
귤이 맛있다.
눈이 내린다. 눈오리를 만들 수 있다.
추운 날 전기장판을 틀고 있다면 천국이다.
내 사랑 코트와 어그부츠를 입을 수 있다.
땀이 나지 않는다.
뜨끈한 국밥을 원샷할 수 있다.
귀여운 목도리와 귀마개, 장갑을 착용할 수 있다.

안 좋은 점.

나가기가 싫다.
빙판길에 넘어질 수 있다.

그냥 난 가을이 좋다..☆

조연의 삶

스포트라이트를 있는 힘껏 받는
빛나는 주연.

그리고 그 옆에 주연을 빛내는 것이
역할인 조연이 있다.

나는 내가 조연이라고 생각했다.
나보다 훨씬 잘난 사람들이 많았기에.

뭔가를 굳이 하지 않아도
주변에 사람들이 가득하고
특별히 이쁨 받는 사람.

다른 사람들과는 달리
우월한 달란트가 있어
가는 길마다 박수세례를 받는 사람.

나는 그 사람들을 보며
빛난다고 생각했다.
그들의 삶이, 그들이 걷는 길이
주연으로서 빛이 났다.

그래서 그들을 닮고 싶어
무작정 따라했다.

간드러지는 옷을 입고
뾰족한 또각 구두를 신고
거리를 활보했다.

그렇게하면 나도
주연이 될 거라고 믿었다.
나도 그들과
같아질 거라고 생각했다.

그리고 우연히 거울을 보니
어둠 속에서 초라한 한 사람이 있었다.
그 사람은 내가 아니었다.
다른 사람으로 분장한 가짜 주연이었다.

그 모습에 놀라
화장을 지우고, 구두를 벗고
온전한 나의 모습으로 돌아온다.

이제는 진짜 나를 찾으려 한다.
특별한 조연의 삶을 살아보려 한다.

어떻게 해야 할까 고민하는 순간,
저 멀리 나를, 나만을
찍고 있던 카메라를 발견한다.

나는 나만의 영화 속에서
주연으로 살아가고 있었던 것이다.
이제 자유롭게 꿈을 꾸며
내 삶을 살아갈 것이다.

열등감

나는 최선을 다했는데
디른 사람은 그 이상일 때
허무함을 느낀다.

아. 내 길이 아니었구나
난 이 사람의 징검다리였구나
그냥 수단이었겠구나

도대체 내 길은 어딘가요
있긴 한 걸까요
빛을 갈망하는 나는
결국 어둠으로 가리워집니다.

나의 청춘에게

이쁘디 이쁜, 아름다운 나의 청춘아
너의 하루가 만장*같이 느껴지길 원하는데
어느덧 스물 다섯이구나

너가 스무살의 청춘이 참 아프다고 했었지
그래서 서른 즈음이 되길 바란다고
여유와 안정이 찾아오길 바란다고

그런데 지금 보니 말이야
조금은 알 것도 같네
아프니까 아름답고 다치니까 이쁘네

그래서 고마워, 지금까지 버텨줘서
미안해, 너를 더 아껴주지 못 해서
그래도 참 많이 사랑하고 응원해 :)

*만장
: 파란만장,
10,000장의 뜻

난 그저

잠잠히 기다릴 뿐이었다.
크게 욕심내지도 못 하고
작게 더 작게
내 마음을 쪼갰을 뿐이다.

하지만 나의 아버지는
나의 작고 작은 마음을
헤아려 주셨고,
마침내 계획을 이루어내셨다.

나는 오늘도 그 계획에
납작 엎드리며 순종한다.
그 계획이 그 길이 그 선택이
나에게 가장 좋은 것임을,
가장 선한 능력임을 인정한다.

난 사실 우울했다.
걱정이 많이 되었다.
이 세상이 나만 빼고
돌아가는 듯 하였다.

그래서 나의 아버지도
나를 잠시 잊은걸까 하는
작은 마음에서 나오는
작은 소리를 내었다.

나가는 걸 그리 좋아하는 아이가
세상이 무서웠다. 차가웠다.
그래서 가까이하기 싫었다.
단지 멈춤 상태일 뿐이었다.

하지만 나의 아버지는 나에게
더 작은 소리로, 하지만 확실하게
"나는 너의 아버지야"라고
확신을 주셨다

그냥 단지

내일 피자가 먹고 싶어서라도
내일 드라마 다음 편이 궁금해서라도
내일 나오는 새로운 노래가 듣고 싶어서라도

버텨줘, 이겨내줘, 그렇게 살아가줘

괜찮아

문득 그때의 내 이야기가 궁금해
오늘 오랜만에 예전, 그 병원에 다녀왔다.
특별한 이유 없이 3년 전 심리검사 결과가 궁금하다는 이유로
근처 볼 일이 있어 잠깐 방문하였다.

그곳엔 그때의 내가 자리하고 있었다.
표정이 없는, 조금은 어두운, 힘이 하나 없는 아이였다.
그래, 넌 아직 여기에 있었구나. 내가 돌보지 못했구나.

이제 괜찮아, 내가 데려다 줄게.
너가 있어야 할 곳은 여기가 아니야.
나랑 같이 가자. 괜찮아.

칭찬 일기

어제 늦게 잤는데 오늘 일찍 일어난 나를 칭찬합니다.
혼자 씩씩하게 매복 사랑니 빼고 온 나를 칭찬합니다.
양말에 빵꾸나도록 열심히 걸어다닌 나를 칭찬합니다.
초등학교 때 일기를 꺼내 읽어 본 나를 칭찬합니다.
오늘도 무사히 하루를 잘 마친 나를 칭찬합니다.
나를 칭찬하는 나를 이뻐하는 나를 칭찬합니다.

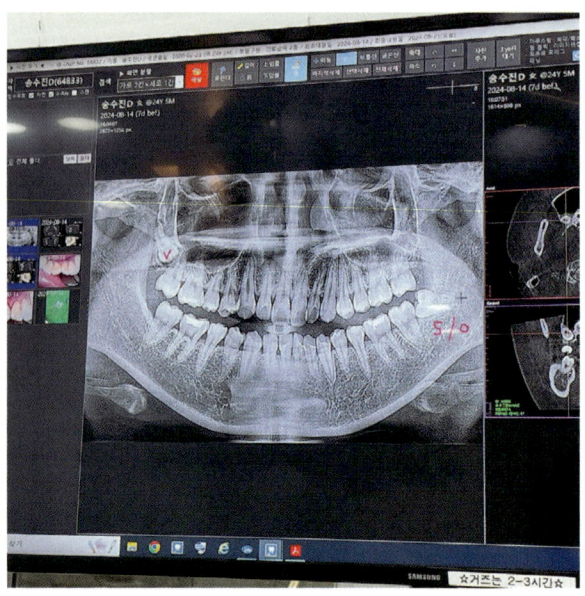

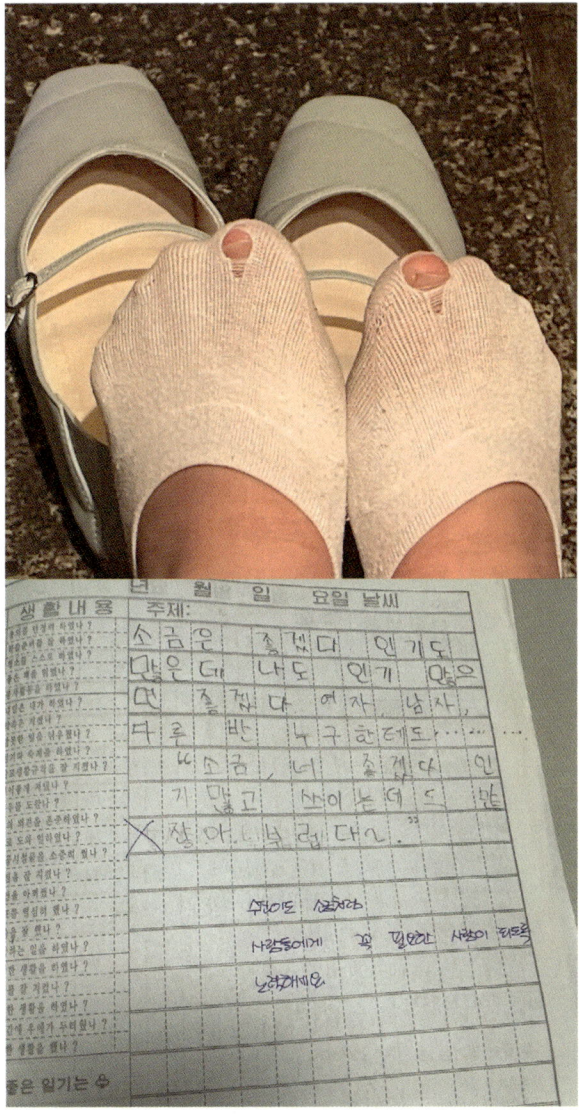

행복 별 거 없다

무더운 여름날 땀 삐질삐질 흘리고
겨우 올라탄 지하철

마침 자리가 있어 그곳에 앉는다
시원한 에어컨 바람이 내 땀을 식혀준다

귀가 심심하니 내가 좋아하는 재즈를 들으면서
오늘은 어제 산 시집을 읽어볼까

그리고 창문에 펼쳐지는 초록 배경들
하나님. 이 여유주심에 감사합니다

마이 파덜

어릴 때부터 나는 아빠가 가장 멋있는 사람이었어
퇴근하고 집에 오면
항상 인자한 미소로 우리를 반겨줬으니까

묵묵히 우리 집 가장의 자리를 지켜준
아빠가 있어서 나는
마음껏 꿈 꿀 수 있었어

언제나 내 얘기를 들어주는 아빠,
항상 아빠를 위해 기도할게
사랑해♡

마이 마덜

과일 꼬다리 먹는 우리 엄마
닭다리 싫어하는 우리 엄마
항상 괜찮다는 우리 엄마

엄마. 안 괜찮아도 괜찮아.
조금은 나눠줘도 괜찮아.
사랑해♡

말과 글

흩어져있는 말들이
종이에 닿아 검게 물든다.

그렇게 한 글자 한 글자 쓰다보면
마음의 무게가 글로 옮겨간다.

그러면 마음을 정리할 수 있게 된다.
그것이 글의 힘이다.

생각여행

아 졸리당 자야지 아 근데 그 과제 언제까지였지? 설마 오늘까지였나…? 아 아니넹 다행이다 내일해야지! 아 근데 오늘 점심 돈까스 맛있었는뎅ㅎㅎ 다음에 가면 다른 거 먹어야지 아 민지가 돈까스 좋아한다고 했는데 나중에 같이 가야겠다 배고프다 아 긍데 민지 저번에 소개팅은 잘 했나? 나 소개팅할 때 진짜 웃겼는데ㅋㅋㅋㅋㅋ…

♬띵띠리 띵딩딩 띠리링딩딩
"어이쿠야 아침이네"

글을 쓰는 이유

 나에게는 나의 감정을 몰아넣을 곳이 필요했다. 긍정적으로 생각하려는 나지만, 스트레스는 받을 수 밖에 없기에 방법을 찾다 일기를 쓰기 시작했다. 그곳에 정제되지 않은 나의 언어들로 감정을 쌓아두기 시작했다. 그렇게 다시는 안 볼 낙서들을 써두고 오래 묵혀놨다. 코를 푼 휴지마냥 쓰레기통에 그것들을 던져놨다.

 그러다 시간이 지난 후 가끔 그때 그 쓰레기통을 뒤졌다. 그때가 궁금해서 찾아가 낙서들을 읽어보곤 했다. 아, 그때 이런 생각을 했구나 아, 이런 감정을 느꼈구나 아, 이렇게 어렸구나 하며 나를 귀여워하는 마음 더하기 애잔한 마음으로 살폈다.

 그러던 중 문득 그런 생각이 들었다. 나의 젊음이, 그 속에 아픔이 지나가는 구나. 그 순간의 감정이 끝이 아니구나. 그러고 가끔 기록해두었던 나의 일기장 대신 휴대폰의 메모장을 꺼냈다. 그리고 나의 일상에서, 내가 살아가는 그 순간을 적어두기 시작했다. 잠시 스쳐 지나가는 나의 단편의 생각들을 메모했다. 그리고 그 작지만 소중한 기억들을 가지고 글을 쓰기 시작했다.

 그래서 나의 글들은 나의 그 자체이다. 나의 전부이다. 이제 그 글들로 나를 포함한 많은 독자들에게 공감을 주고 싶다. 아, 그때 그랬지. 맞아, 나도 그랬는데. 하며 읽어주길 바란다.

청승맞게

혼자 청승맞게 한강에 왔습니다.
특별한 이유는 없지만,
그냥 물멍을 때리며 힐링하고 싶었습니다.

하지만 저는 여전히 스마트폰을 놓지 못한 채
에어팟으로 음악을 듣습니다.

둘. 셋. 또는 여럿이 놀러온 모습을 보니
오늘 혼자인 것이 약간은 아쉽습니다.

그런데 생각보다 그들의 표정이 밝지만은 않았습니다.
모두 물을 보며 한 곳에 집중하는 눈빛이
어찌보면 애처로워 보입니다.

그들도 그들만의 고민이 있나봅니다.
그들도 삶의 여유를 찾으러 왔나봅니다.

이 시간. 여기 모인 사람들을 위해 기도합니다.
마음의 빈 곳에, 여유가 없을 때
크신 하나님의 사랑을 채워 주시옵소서.

약간은 서글픈 느린 노래를 듣다
이제는 리드미컬한 재즈를 찾아 듣습니다.

그러니 아까부터 본 사람들이
영화 속에 나오는 배우들 같다는 생각을 합니다.

그들만의 사연을 가지고
그들에게 맞춰진 설정값대로
열심히 움직이는 모습이 연상됩니다.

그들의 몸짓이 춤 같이 느껴집니다.
아름다운 선율로 보입니다.

그들의 청춘에, 그들의 사랑에, 그들의 시간에
행복이 가득하길 간절히 기도해봅니다.

부디 이 순간 만큼이라도
내 마음을 포근히 안아주는 시간이 되길-

순대국밥

직장인들 가득한 시간.
저녁에 순대굿 먹으러 혼자 여의도에 왔습니다.

아 역시 웨이팅이 조금 있네요.
혼자라고 하니.. 기다리라고..

혼자 먹는 것도 서러운데 ..
대신 정말 맛집 탐방하는 블로거 같아 보여요.

(웃음)

저는 을큰허이 땀 삐질 흘리며
아주 아주 맛있게 먹을 예정입니다.

옆에 직장인 분들은 얼크허이 취하셔서
언성도 높아지시고 급격히 친해지는 시간을 갖습니다.

이 아저씨들은 분명 다 같은 얘기를
하고 있다고 밖에 생각이 안 듭니다.

같이 목소리 톤이며 높낮이며 말투며
그럴 수 밖에 없다는 생각입니다.

이 사람들 다 아는 사람들이네
나만 속이고 있네 맞지?

그렇게 오늘도 혼자만의 세상을 바라봅니다.

집밥, 엄마의 손맛

밖에 나와 살다 보니,
엄마가 해준 밥이 그립다.

계란찜, 갈치조림, 겉절이,
김치부침개, 미역국, 잡채

집에서 매일 먹을 땐 잘 몰랐다.
당연한 줄 알았다.

그리고 밖에서 먹는 밥이
더 편하고 자극적이라서 맛있는 거라고 생각했다.

하지만 나와서 외식을 계속 하다보니
슴슴한 엄마의 손맛을 찾게 된다.

이제야 매일 먹는 집밥이
엄마의 사랑이고 정성이었음을 깨닫는다.

가을이 오나봐

올해는 유난히도 더웠던,
또 길었던 여름이 끝이 난다.

지난 여름,
날씨가 너무 더워

밖에 나갈 엄두조차 못 냈던
순간들이 많았다.

이제는 더위에서 조금 벗어나
선선한 가을 바람이 분다.

아침에 어떤 옷을 입을까
신나게 고민해본다.

아직 이른 것 같은데
벌써 땅에 떨어져 있는

은행 열매처럼
노오란 원피스를 입을까?

아니면 지금이 가을인 걸
어떻게 알았는지 너무 예쁜
하늘처럼
하아늘색 티셔츠를 입을까?

음. 그래
정했어!

오늘은 크림색 골덴 셔츠를
입어야겠다.

무더위에서 조금 살만 하니
이제 삶의 여유가 생긴다.

그리고 나와 주변을 돌아볼
시간이 생긴다.

나는.
가을이 참 좋다

좋은 아침

아침이 밝아온다.
태양이 자기의 모습을 점점 비추고
새가 지저귀는 소리가 들리며
덮고 있는 이불이 더욱 포근하다
응? 이상하리만큼 평온하다

아 지각이다

안녕

버스를 타면서 밝게 인사하는 친구야.
기사님은 대답을 하시지 않았지만
너의 마음이 참 따뜻한 걸 나는 알고 있단다.

작은 것에도 감사할 줄 아는 너이기에
앞으로의 날들이 기대가 되는 구나
그 용기에 나는 박수를 쳐주고 싶단다.

인사하는 사람을 이상하게 바라보는
요즘 같은 삭막한 때에
너와 같이 밝게 인사하는 것이 참 힘을 가져다 준단다.

오늘은,

많이 피곤한 날이었구나
다른 날보다 유달리 힘들어보이네

어디에도 기대지 못한 채
잠이 들어 꾸벅꾸벅 고개만 떨구네

세상에서 가장 무거운
눈꺼풀은 올라갈 생각을 안 하네

나의 한 마디가 조금이나마 위로가 될까
고민이 되지만 그래도 남겨볼게

힘내라는 말이 부담이 될까 싶어
그저 잘 하고 있다고 말하고 싶어

너의 노력이 아닌
널 그저 바라보고 있는 사람이 말하길

잘 될 거야
잘 되고 있어

엄마의 낡은 일기장

그 시절 어린 소녀의 안식처였던 일기장이
지금은 엄마가 되어 딸에게 선물해줍니다.

낡고 오래된 일기장을 열어 보니
귀여운 엄마의 작은 생각들이 적혀 있습니다.

엄마의 상처, 아픔, 고난이 그대로 담겨 있습니다.
마냥 어리기만 했던 열여덟의 엄마는 너무나 빨리 세상을 마주하게 되었습니다.

그래서 내가 그때의 엄마,
한 소녀에게 찾아가려 합니다.
그리고는 꼬옥 안아주며 위로를 전합니다.

그리고는 말합니다.
버티고, 인내해줘서 고맙다고,
지금 나의 엄마가 되어줘서 감사하다고.

다정함이 세상을 이긴다

본인이 츤데레라는 어린이
매주 사랑한다며 포옥 안아주는 어린이
보고싶었다며 빼꼼 쳐다보는 어린이

그래, 너희가 세상을 이길 거야!

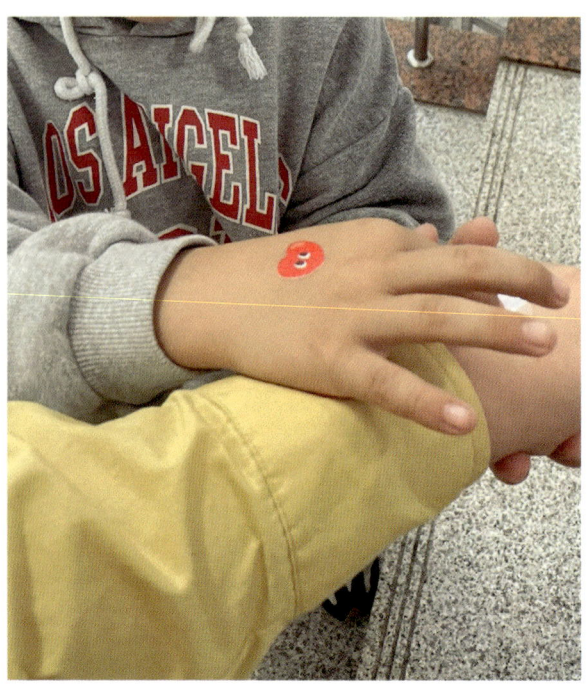

왕왕 고마와요

내 곁에는 좋은 사람들이 많다.
나에게 올바른 방향을 알려주고,
잠시 지칠 때 힘을 부어주는 사람들.

복 중에 가장 큰 복은
인복이라고 하지 않는가.

나는 엄청난 큰 축복을 받으며
살아가고 있다.

그래서 이 자리를 빌어
감사 인사를 전하려고 한다.

"제 곁에 함께 해주어 왕왕 고마와요!
저를 어느 순간 외롭지 않게,
또 행복하게 만들어주어 그 시간이 소중했습니다.
받은 사랑이 너무나도 많아
저도 그 사랑을 나누는 사람이 되고 싶습니다.
덕분에 저는 마음껏 꿈 꿀 수 있고,
아낌없이 베풀 수 있게 되었습니다.
모두들 사로매용♡"

삶은.. 계란

우리는 세상에 생겨나
나를 모른 채 태어난다.

내 울음소리를 듣고도
거울을 쳐다봐도

우리는
우리를 모른다.

나와 가장 많은 시간을
보내는 건 오직 나인데.

우리는
우리를 모른다.

그래서 커가면서
온갖 테스트를 하며

나를 알아가는
시간을 갖는다.

그래, 삶은
나와의 발맞춤.

너무 바쁜 사람들

카톡 알림 999+
쌓여가는 to do list
전화벨은 계속 울리고
책상엔 다 마신 커피잔만 여러 개

나만 바쁔 줄 알았는데
그래서 혼자 바쁜 척한다고 생각했는데
주위를 둘러보니 아니더라
모두들 일에 치여 살더라

그 모습을 보는 나는
지금 이 시대를 살고 있는 청년으로서
안타깝고 서글프고 그런 감정들이 든다
현실이, 이 세상이 몰고 간다 황폐한 그 어딘가로

버스 1

올라타는 손님 한 분씩
인사하시는 기사 아저씨

오늘도 기분 좋게 시작한다
아직 세상은 살만 합니다.

그리고 오랜만에 버스를 타보니,
문득 버스요금이 궁금했다.

성인 1,500원
청소년 1,000원
어린이 550원

귀여운 550원.
저도 어린이 할래요!

버스 2

나는 버스를 타며 이동하다
지나가는 예쁜 가게들을 구경하는 것을
좋아한다.

그러다 내 감성에 어울리는 곳을 찾으면,
바로 지도를 펼치고 저장해놓는다.

그리고 나의 pick 가게로 향한다.
그렇게 하면 숨어있는 예쁜 가게들을 찾을 수 있다.

아침 운동

하루를 시작할 때
근처 공원으로 산책을 하는데,
참 다양한 사람들이
아침을 준비하는 모습을 볼 수 있다.

진한 향수를 뿌린 정장 입은 아저씨
부랴부랴 출근하는 직장인들
가게 앞을 청소하시는 아주머니
빼빼로 먹으며 등교하는 어린이
아침부터 바쁘게 움직이는 새들
뽕짝 틀고 자전거 타시는 할아버지

우리의 출발지와 목적지가 달라도
서로 다른 곳을 바라보고 있어도
오늘은 내가 여유가 있으니까
나에게 글의 소재를 안겨 주었으니
모두를 위해 무릎 꿇을게요
여러분의 평안한 하루를 위해 기도합니다

행복 여행

엄마와 둘이서 여행, 다낭에 간다.
나는 이미 작년에 가봤던 곳이라 큰 기대감이 들진 않지만,
그래도 좋은 추억을 만들 수 있을 것 같다는 생각에
설레는 마음으로 공항에 향한다.

한국 새벽 4시, 우리가 공항에 도착한 시간이다.
30분도 안 되는 시간 동안 잠시, 아주 잠깐만 자고 나니
피곤함이 얼굴에 덕지덕지 붙어있다.

한국 새벽 6시,
이러쿵 저러쿵 출국 준비를 다 하고 나니
어느덧 비행기 안이다.

남들은 하루를 시작하는 시간에
우리는 5시간이라는 짧은 비행 시간 동안
머리만 살짝 기대고 잠을 청해본다.

베트남 아침 9시, 비행기는 다낭에 착륙한다.
잠을 잔 듯, 안 잔 듯 비몽사몽한 상태로
3박 5일 여행을 시작한다.

시끌벅적 불만 가득한 사람들 사이로
엄마와 나는 서로 얼굴만 바라봐도
웃음이 나온다.

비가 와도 옷이 젖어도 추워도 배고파도
그냥 웃음이 나온다.
왜냐면 우린 무지 행복하니까 ^____^

그렇게 우리의 행복 여행이 시작되었다.
여행 첫 날부터 쏟아지는 비 속에서 웃고,
사람 가득한 식당에서 돈을 세다가도 웃고,
두리안 먹다가 고약한 냄새 때문에 웃었다.

물론 답답하고 실망스러운 일이 생기기도 했지만,
그 문제가 중요하지 않다는 생각이 들었다.

여행 중에서 가장 행복했던 순간은
첫 날 비 맞고 호텔에 들어와 씻고나서 침대에 누웠던,
바로 그 때이다.

사람들은 묻는다.
멀리까지 가서 가장 행복했던 순간이
고작 호텔 방이냐고.

하지만 나는 대답한다.
멀고 먼 그 나라에 가서야 느꼈다고.
작고 소소한 일상과 짧은 순간들이
더 크고 가장 행복하게 만들어지는 것이라고.

우리의 여행은 완벽하지 않았다.
하지만 모두가 행복하기 위해 떠난 여행이니까.
화부터 내지 말고 웃자. 그냥 웃자 :)
그래야 행복할 수 있는 거니까!

만약에

나와 같은 세상에 살면서
다른 시선으로 살아가는 사람들이
하나, 둘씩
각자의 목적을 위해
모인 사람들.

카페에 와서 오손도손 얘기하고
노트북으로 타다닥 일을 처리하고
나처럼 읽고 싶은 책을 읽기 위해
모인 사람들.

그 사람들은 각자의 삶을 짊어지고
카페에 온다.
나는 그 소리가 좋다.

여러 명의 사람들이
내 이야기를 하는데
그만큼 본인 삶에 최선이라는 것이다.

나는 잠시 머물다 가는 곳에
각자의 삶 한 부분을 내려놓고 간다는 것이
참 아름다웠다.

그래서 내가 카페를 차린다면
내가 만든 공간에
나와 다른 사람들이
각자의 이야기를 듣고
서로의 대화를 통해
걱정근심고민을 내려놓고 가길
간절히 바라본다.

빛으로 흐르며

어둠 속에서 작은 빛으로
반짝이는 눈물
그 안에는 무언가 담겨 있다

그래, 나 이렇게 살래
한 사람 한 사람과 눈을 맞추며
떨리는 손으로 겸손한 마음으로
진심으로 다해 사랑할래

꽃

천장에 붙어있던 야광 별들
나는 그게 사랑인줄 몰랐어

우리 집이 반지하라고
전혀 위축되지 않았던 우리의 자신감도
누군가의 노력인 줄 몰랐어

그래서 이제야 들여다보네
그리고 이제야 말 건네네

나는
햇살을 받으며 자란 곱디 고운 꽃으로 자랐구나

그 꽃이 이제는
인사해 고마웠다고

책을 마치며

먼저 하나님 아버지께 감사드리며,
모든 영광을 주님께 돌립니다.

그리고
저의 책에 찾아와주셔서 제 글을 읽어주심에 감사드립니다.
잠깐이라면 잠깐, 긴 시간이라면 오랫동안
저의 책에 머물러주셔서 감사합니다.
그 시간 동안 힐링이 되었길 조그맣게 바래봅니다.

저에게 독립출판은 계획이 아니었습니다.
그냥 하루하루 주어진 일에 최선을 다하다 보니
자연스레 따라 온 선물같은 일이었어요.
약 1년이라는 준비기간을 통해
온전히 저의 스물 다섯이
이 책에 담겼다고 말할 수 있겠네요.

가볍게 시작했던 글이 점점 의미가 생기고
그 안에 정성이 담기면서
부담감도 차곡차곡 쌓였던 것 같아요.
하지만 언제 또 나올지 모르는 저의 책이기에
즐기면서 재밌게 작업하려고 했던 것 같습니다.

제가 책 제목을 저의 지금 나이로 하게 되었지만,
저는 저의 나이에 정답이 아닙니다.
그래서 독자분들의 스물 다섯은 어떤지 참 궁금합니다!
저에게 찾아와 작게 나눠주세요. 히히

여러분의
지나간 스물 다섯,
다가올 스물 다섯,
그리고 지금의 스물 다섯
모두 찬란하게 빛나길
간절히 바래봅니다.

그럼 어떤 모습이 될지는 모르겠지만,
머지 않은 날 찾아오겠습니다!

2024. 가을
송수진

"나는 나의 **스물 다섯**이 참 좋다."

책, 스물 다섯

출판사 궤도
글　송수진
편집 송수진
사진 송수진
서체 강원교육모두체

ISBN 979-11-979192-4-4

초판 1쇄 발행 2024년 11월 23일